MySQL: Guida Completa ai Database SQL per Principianti. Contiene Esempi di Codice ed Esercizi Pratici.

Oscar R. Frost

Published by Oscar R. Frost, 2024.

While every precaution has been taken in the preparation of this book, the publisher assumes no responsibility for errors or omissions, or for damages resulting from the use of the information contained herein.

MYSQL: GUIDA COMPLETA AI DATABASE SQL PER PRINCIPIANTI. CONTIENE ESEMPI DI CODICE ED ESERCIZI PRATICI.

First edition. February 7, 2024.

ISBN: 979-8224661701

Written by Oscar R. Frost.

Also by Oscar R. Frost

Raspberry Pi: Scopri Tutti i Segreti per lo Sviluppo e
Programmazione del Micro Computer per Maker e Hobbisti.
Contiene Esempi di Codice ed Esercizi Pratici
MySQL: Guida Completa ai Database SQL per Principianti.
Contiene Esempi di Codice ed Esercizi Pratici.

Sommario

Premessa

Attualmente sviluppare un'applicazione richiede diverse competenze, che si tratti di un'app per smartphone, un'applicazione Web o semplicemente un sito Web è necessario conoscere qualche linguaggio di programmazione così come diverse nozioni sulle reti e sulla comunicazione Web.

Questi framework e linguaggi si evolvono rapidamente e spesso i programmatori non riescono a stare al passo degli aggiornamenti proposti ma in tutto ciò esiste una certezza. Sicuramente avrai bisogno di memorizzare i tuoi dati in un database quindi è fondamentale fare la scelta giusta in base al progetto che stai sviluppando. Una buona architettura insieme ad idee chiare ti aiuteranno sicuramente a raggiungere un ottimo risultato.

MySQL può sicuramente esserti d'aiuto perché con la sua semplicità e con le sue performance puoi creare delle applicazioni o siti Web con tempi di risposta davvero bassi soprattutto se sei in grado di sfruttare al meglio tutte le possibilità offerte da questo database. Nel corso di questo ebook affronteremo diversi aspetti: dai punti di forza di MySQL alla sua struttura, dalle tabelle alle relazioni tra tabelle.

Capitolo 1
Cos'è un DB

Un database (anche detto DB) consente la memorizzazione di dati in maniera persistente infatti ogni giorno una grande quantità di dati vengono salvate nei database. Pensa ai database dei grandi e-commerce come Amazon, pensa a quanto sono grandi ed efficienti i database di Facebook per poter memorizzare i post, le foto ed i video di ognuno di noi.

Inizialmente bisogna fare una distinzione tra database e DBMS infatti dobbiamo capire bene di cosa stiamo parlando. Un DBMS è un programma (software) che gestisce uno o più database pertanto ha il compito di gestire gli utenti ed i loro permessi, gestisce la sicurezza e l'ottimizzazione dei database contenuti ecc. Un database, invece, si occupa di memorizzare i dati in modo tale che sia semplice recuperarli, rispettando tutti i vincoli imposti. Di quali vincoli stiamo parlando? Per vincoli si intendono delle regole da rispettare, ad esempio, assicurarsi che la quantità di un articolo memorizzato sia un valore numerico o che l'identificativo di un articolo sia di una determinata lunghezza ed univoco.

Ad oggi esistono diversi tipi di DBMS ma sostanzialmente possono essere rinchiusi in due categorie: **NoSQL** e **RDBMS**. I database NoSQL sono nati di recente e sono molto utilizzati quando si hanno moltissimi dati, pensa ad esempio, agli utenti di Facebook o agli ordini di Amazon. Questo tipo di database è particolarmente incentrato sulla scalabilità infatti sono in grado di adattarsi facilmente all'aumentare della potenza di calcolo. Immagina cosa succede su Amazon durante il Black Friday, si contano molti più accessi, molti più ordini e molti più utenti in poco tempo. I database NoSQL riescono ad adattarsi facilmente garantendo elevate prestazioni e grande flessibilità perché non sono strettamente legati alle **relazioni** tra i dati.

I database di tipo RDBMS sono basati proprio su relazioni (è la R dell'acronimo) tra i dati infatti ogni dato memorizzato segue una struttura rigida. La struttura consente di impostare delle regole e dei vincoli, ad esempio, possiamo garantire ad ogni inserimento che il campo data_di_nascita sia effettivamente una data e non una stringa. In questo modo sarà più facile, successivamente, eseguire un ordinamento o filtrare i risultati. Le relazioni si basano su righe e colonne quindi i dati sono organizzati in tabelle con degli indici ed eventualmente chiavi primarie per definire dei valori univoci nella tabella.

Un'altra importante differenza tra questi tipi di database, tuttavia, consiste nel garantire le **proprietà ACID**. I database NoSQL non le garantiscono pertanto presta molta attenzione nel caso in cui tu sia interessato ad usarli e valuta bene per tutti i tuoi casi d'uso.

Le proprietà ACID si riferiscono a:

- Atomicità ovvero garantire che una transazione venga eseguita certamente o non eseguita affatto
- Coerenza cioè i dati saranno sicuramente coerenti tra loro e quindi conformi allo schema del database
- Isolamento indica che ogni transazione è separata dalle altre

- Durabilità consente di ripristinare i dati all'ultimo stato conosciuto

È probabile, quindi, che se stai pensando di usare un database NoSQL per un software di fatturazione probabilmente non stai facendo la scelta giusta. Un database NoSQL può esserti d'aiuto nel caso in cui tu voglia creare dei grafici, creare delle applicazioni real-time ad esempio legate alla borsa ecc.

Se i database NoSQL sono nati verso gli anni 2000, i database relazionali sono molto più datati, infatti, a partire dal 1970 sono stati ampiamente utilizzati continuando ad evolversi per garantire migliori prestazioni e sempre più funzionalità. Questa evoluzione, oggi, si esprime in un prodotto molto facile da usare tanto che potresti associarlo ad un comune foglio Excel. Creare una tabella, popolarla ed esportarla risulta davvero semplice così come lo è collegare un database ad un'applicazione sviluppata in Java, PHP, Perl o altri linguaggi.

Una tabella crea delle relazioni al suo interno, ad esempio, potremmo creare una tabella con tutti gli smartphone Samsung usando come colonne: nome commerciale, nome del modello, anno di produzione, processore ecc. Immaginiamo, però, che due o più smartphone montino lo stesso processore, questo sarebbe un **dato rindondante** cioè ripetuto su due o più righe. A questo scopo si possono creare delle relazioni tra tabelle in modo da evitare questa ridondanza e mantenere le tabelle più compatte e con dati altamente coesi tra loro. Esistono vari tipi di relazioni possibili che approfondiremo nei prossimi capitoli.

Probabilmente hai già sentito parlare di SQL tanto che è spesso presente in molti nomi di database (MySQL, PostgreSQL, Sqlite ecc). SQL è l'acronimo di *Structured Query Language* ed indica il linguaggio che i database relazionali possono capire ed interpretare per creare database, memorizzare i dati, recuperare i dati, modificarli e tanto altro. Bisogna ricordare che SQL consente anche di gestire ed amministrare i database, consentendo l'accesso a diversi utenti.

Le classiche operazioni che vengono effettuate su un database sono creazione, lettura, modifica e cancellazione di dati. Queste operazioni sono dette **operazioni CRUD** che è l'acronimo di *Create, Read, Update e Delete*.

Capitolo 2
Punti di forza

Proseguendo sulla nostra analisi dei database relazionali ed essendo certi che si adattano meglio al nostro scopo, cerchiamo di capire perché usare MySQL piuttosto che un altro database relazionale. Innanzitutto, MySQL è nato nel lontano 1996 quindi stiamo parlando di un prodotto molto maturo che si è evoluto nel corso del tempo. Si è evoluto soprattutto grazie alla comunità perché si tratta di un progetto open source e libero quindi chiunque può analizzare il codice sorgente, modificarlo o contribuire per migliorarlo.

I punti di forza di MySQL sono tanti e il più importante riguarda la sua popolarità. Usare un software molto diffuso ti consente di individuare soluzioni ad ogni problema perché probabilmente qualcuno si è posto lo stesso problema prima di te. Nella maggior parte dei casi, una ricerca su Google eviterà di farti perdere molto tempo.

Un altro punto di forza è certamente la sua affidabilità infatti garantisce il suo funzionamento 24 ore al giorno, 7 giorni su 7 ed è anche per questo che viene spesso usato per i siti Web insieme a CMS come Wordpress.

MySQL può essere installato su qualsiasi piattaforma infatti funziona bene sia su Windows, sia su Linux sia su macOS.

È molto apprezzato, oltre a tutto quello che abbiamo già detto, per come svolge il suo lavoro. Questo è il punto fondamentale perché è contraddistinto da un'alta efficienza sia con pochi che con moltissimi dati. È possibile ottimizzare il database a proprio piacimento, ottimizzando una query per estrarre più velocemente i dati, inserendo degli indici nelle tabelle per renderle più accessibili nella ricerca e tanto altro.

Infine, ma non meno importante, è davvero semplice integrarlo con un'applicazione nuova o preesistente scritta in un linguaggio di programmazione come *Java, Python, C, C++* o addirittura *Node.js*.

Non è tutto oro quel che luccica infatti MySQL non è esente da problemi. Nonostante sia stato progettato davvero bene inizia ad avere qualche acciacco soprattutto se paragonato a nuovi prodotti basati proprio su MySQL. Esistono infatti dei *fork* (progetti basati su MySQL ma sviluppati da terzi) che hanno prestazioni leggermente migliori, si parla del 5% circa.

L'aspetto positivo, tuttavia, riguarda la facilità con cui è possibile migrare ad uno di questi fork, molte volte è sufficiente esportare il database e rieseguire le query sul nuovo per completare la migrazione con successo.

Capitolo 3
Installazione

Esistono diverse versioni di MySQL e in questo ebook preferiamo usare la *Community Edition* in quanto gratuita. Questa versione è sottoposta a licenza GPL perciò può essere scaricata in modo gratuito e mette a disposizione diverse funzionalità che possono tornare utili.

Linux

L'installazione su piattaforme basate su Linux è davvero semplice infatti si può scaricare sottoforma di archivio *.tar.gz* o come pacchetto grazie ad *apt* o *yum*.

Prendiamo in considerazione il package manager *apt*, basterà digitare i seguenti comandi:

sudo apt update

sudo apt install mysql-server

Questo comando installerà MySQL, ma non ti chiederà di impostare una password o apportare altre modifiche alla configurazione.

Per le nuove installazioni, ti consigliamo di eseguire lo script di sicurezza. Questo comando modifica alcune delle opzioni predefinite che sono meno sicure per gli accessi root remoti e gli utenti di esempio. Nelle versioni precedenti di MySQL, era possibile inizializzare manualmente anche la directory dei dati ma questo passaggio viene eseguito automaticamente.

Digita il seguente comando nel terminale:

sudo mysql_secure_installation

Questo comando ti guiderà attraverso una serie di istruzioni in cui puoi apportare alcune modifiche alle opzioni di sicurezza della tua installazione MySQL. Innanzitutto, ti verrà chiesto se desideri configurare il plug-in *Validate Password*, che può essere utilizzato per testare la validità della tua password MySQL. Indipendentemente dalla tua scelta, il prossimo step sarà quello di impostare una password per l'utente *root* di MySQL. Immetti la password e conferma la tua scelta. Da adesso, è possibile premere il tasto Y e quindi INVIO per accettare le impostazioni predefinite per tutte le domande successive. Ciò rimuoverà alcuni utenti anonimi e il database di test, disabiliterà gli accessi root remoti e caricherà queste nuove regole in modo che MySQL rispetti le modifiche apportate.

Se l'installazione è andata a buon fine e non vedi alcun messaggio di errore puoi eseguire questo comando nel tuo terminale per l'autenticazione:

mysql -u root -p

Dopo aver digitato questo comando puoi creare un nuovo utente ed assegnargli una password sicura:

mysql> CREATE USER 'pippo'@'localhost' IDENTIFIED BY 'password';

mysql> GRANT ALL PRIVILEGES ON *.* TO 'pippo'@'localhost' WITH GRANT OPTION;

mysql> exit

Il primo comando consente di creare l'utente pippo con la password scelta, il secondo concede al nuovo utente i privilegi appropriati. Nell'esempio sono stati concessi i privilegi a tutte le tabelle all'interno del database, nonché il potere di aggiungere, modificare e rimuovere i privilegi degli utenti. L'ultimo comando serve per uscire da MySQL.

Windows

In Windows il processo di installazione è completamente guidato da un'interfaccia grafica che spiega in maniera completa ed esaustiva quali sono gli step necessari per l'installazione e cosa si sta installando.

Per prima cosa è necessario collegarsi al sito ufficiale https://dev.mysql.com/downloads/windows/installer/ 8.0.html per ottenere la Community Edition. Dopo aver cliccato su "Download" del pacchetto più piccolo in termini di dimensioni possiamo lanciare l'eseguibile scaricato. È anche possibile scaricare il pacchetto di dimensioni più grandi, risparmiando un po' di tempo in fase di installazione. Nella prima schermata viene chiesto cosa vogliamo installare: solo il server, solo il client, un'installazione completa ecc.

Selezioniamo la prima opzione (Developer Default) e installeremo tutti i prodotti che vediamo nella colonna di destra. Proseguiamo come nell'immagine che segue:

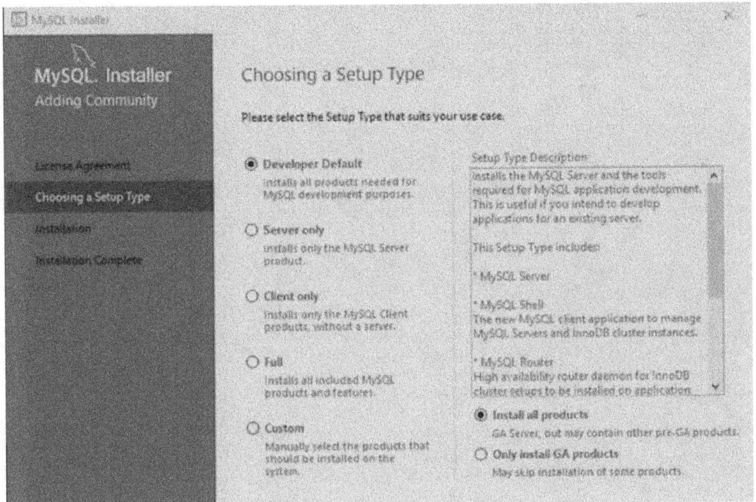

Successivamente ci viene richiesto che tipo di architettura vogliamo usare pertanto selezioneremo *Standalone MySQL Server / Classic MySQL Replication*. Se vogliamo installare il database sul PC locale per motivi di sviluppo o per prendere confidenza con MySQL scegliamo *Development Machine*, se stiamo configurando un server dedicato scegliamo *Server Machine* altrimenti *Dedicated Machine* se si tratta di un server su cui sarà ospitato solo MySQL. Seleziona il protocollo TCP/IP e assicurati che sia impostata la porta di default per MySQL ovvero la 3306.

Alla fine di queste configurazioni può iniziare l'installazione del software che richiederà diversi minuti a seconda dell'hardware su cui state installando.

La pagina di installazione proporrà un riepilogo dei prodotti pronti per l'installazione come la seguente:

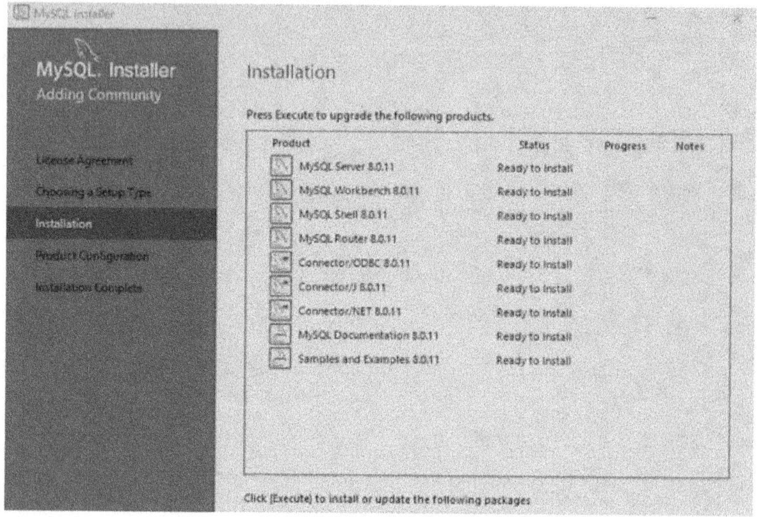

Alla fine, selezioniamo *Strong Password* per specificare la password dell'utente principale, ti prego di custodire tale password in un luogo sicuro perché verrà spesso utilizzata. Questa password è fondamentale in quanto password dell'utente con i privilegi massimi.

Quando richiesto sarà necessario impostare MySQL come servizio di Windows in modo che parta all'avvio del sistema operativo e non sarà necessario avviarlo manualmente. Proseguite con le impostazioni predefinite e successivamente vi consiglio di selezionare entrambe le voci per eseguire MySQL Workbench e MySQL Shell.

Se l'installazione è andata a buon fine vedrai un terminale simile al seguente:

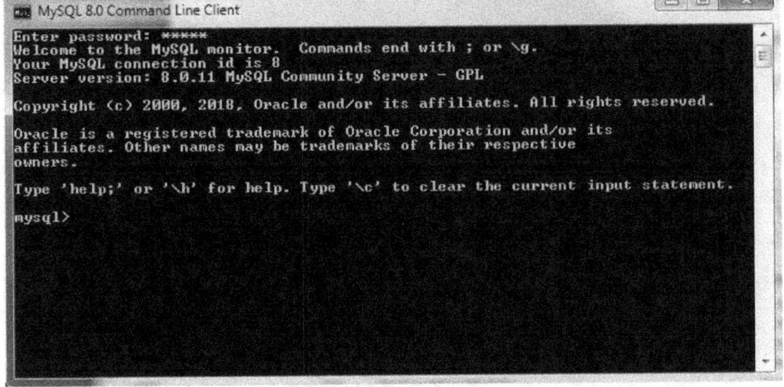

macOS

Puoi scaricare un archivio *.dmg* dal sito ufficiale di MySQL https://dev.mysql.com/downloads/mysql/ e seguire le istruzioni dell'interfaccia utente. Quando il download sarà completato potrai montare il disco immagine con un semplice doppio click per vedere il contenuto di quanto scaricato.

La procedura guidata faciliterà l'installazione del software chiedendo la cartella dove si intende installare MySQL:

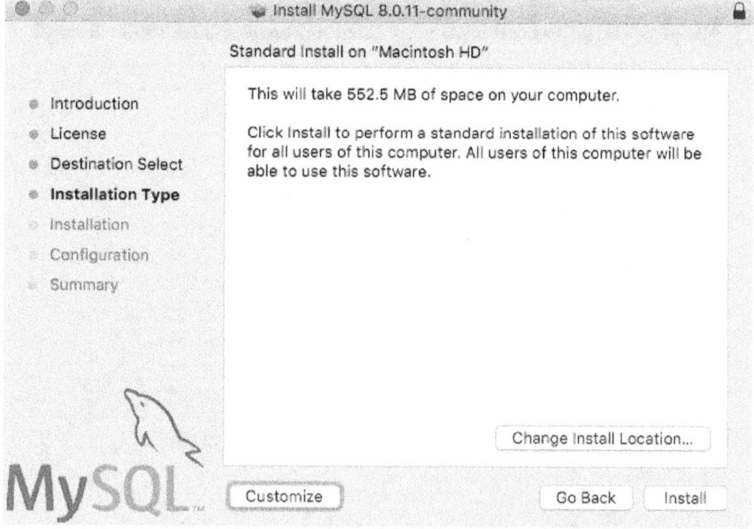

Successivamente è necessario selezionare tutte le opzioni come nell'immagine seguente:

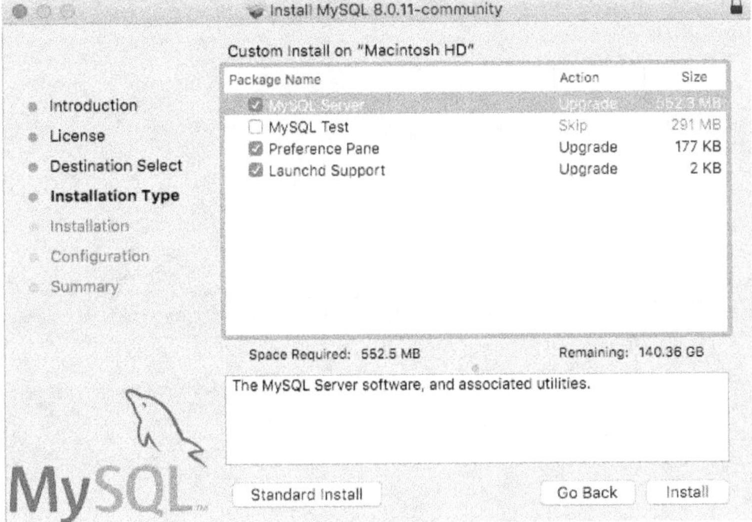

Nei passi successivi è necessario definire il tipo di password da usare, selezioniamo *Use Strong Password Encryption* e digitiamo la password per l'utente root ovvero l'utente con i privilegi massimi:

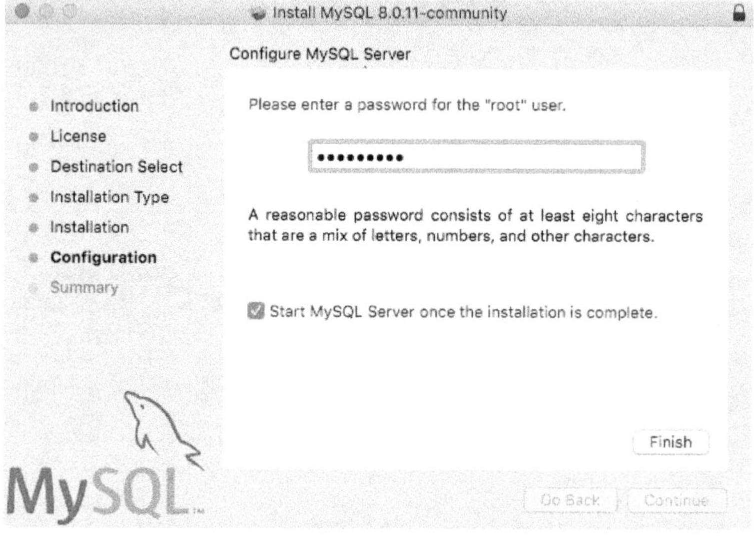

Se l'installazione è andata a buon fine saremo in grado di verificarlo con il comando:

mysql.server status

Se MySQL è avviato potremo entrare nella console tramite il comando:

mysql -u root -p

Il risultato, dopo aver inserito correttamente la password, sarà qualcosa simile alla seguente schermata:

```
Enter password:
Welcome to the MySQL monitor.  Commands end with ; or \g.
Your MySQL connection id is 8
Server version: 8.0.11 MySQL Community Server - GPL

Copyright (c) 2000, 2018, Oracle and/or its affiliates. All rights reserved.

Oracle is a registered trademark of Oracle Corporation and/or its
affiliates. Other names may be trademarks of their respective
owners.

Type 'help;' or '\h' for help. Type '\c' to clear the current input statement.

mysql>
```

Capitolo 4
Comandi SQL

Database

In questo ebook stiamo usando l'utente root per scopi dimostrativi ma è sempre consigliato usare un utente specifico con privilegi specifici su database o tabelle.

Dopo aver effettuato l'accesso alla console di MySQL con il comando:

mysql -u root -p

Il primo passaggio nella gestione dei dati per qualsiasi database è la creazione del database stesso. Questa attività può variare dall'elementare al complicato, a seconda delle tue esigenze. Molti sistemi includono strumenti grafici (come MySQL Workbench) che consentono di creare completamente il database con qualche click. Questa funzione è sicuramente utile per risparmiare tempo, ma dovresti comprendere le istruzioni SQL che vengono eseguite in risposta ai click del mouse. Attraverso l'esperienza personale, abbiamo imparato l'importanza di creare un buon script di installazione SQL. Un file di script contiene il codice SQL necessario per ricostruire completamente uno o più database; lo script spesso include elementi del database come indici, procedure e trigger.

La conoscenza della sintassi SQL è fondamentale in quanto ti consente di applicare le tue conoscenze ad altri sistemi di database relazionali.

La prima considerazione riguarda il livello di autorizzazione infatti è necessario assicurarsi che si disponga delle impostazioni di autorizzazione a livello di amministratore di sistema o che l'amministratore di sistema abbia concesso l'autorizzazione per il comando CREATE DATABASE.

Per iniziare è fondamentale sapere quali sono i database già definiti di default durante l'installazione, MySQL consente di fare ciò tramite il comando:

mysql> show databases;

Probabilmente vedrai soltanto i database utili al funzionamento di MySQL se non ne hai ancora creati. Per creare un database di nome dbTEST sarà sufficiente digitare ed eseguire:

mysql> CREATE DATABASE dbTEST;

Dopo aver creato un database bisogna selezionarlo per i successivi comandi:

mysql> USE dbTEST;

A questo punto siamo pronti per usare il database appena creato, popolandolo di tabelle piene di dati. Prima di riempire le tabelle è importante **normalizzare** il database ovvero suddividere i dati in componenti separati per ridurre la ripetizione dei dati stessi. Esistono diversi livelli di normalizzazione ed ogni livello riduce la ripetizione dei dati. La normalizzazione dei dati può essere un processo estremamente complesso ma esistono numerosi strumenti di progettazione del database che possono esserti d'aiuto.

Ci sono diversi fattori che possono influenzare la progettazione del database, ad esempio lo spazio disponibile sul disco, la velocità con cui viene aggiornato il database o la velocità con cui vengono recuperati i dati.

Lo spazio sul disco è un fattore importante e da tenere in mente infatti anche se siamo in un'era dove gli smartphone possono archiviare Terabyte di dati, ricorda che più grande è il tuo database, più tempo ci vuole per recuperare i record. Se non hai ottimizzato la struttura del DB, è probabile che tu abbia ripetuto inutilmente gran parte dei tuoi dati. Spesso, però, può verificarsi il problema opposto infatti potresti aver cercato di normalizzare completamente la progettazione delle tue tabelle con il database e, in tal modo, hai creato molte tabelle. Anche in questo caso, qualsiasi operazione di query eseguita su questo database potrebbe richiedere molto tempo per essere eseguita. I database progettati in questo modo sono talvolta difficili da manutenere perché la struttura della tabella potrebbe oscurare l'intento del progettista. Questo problema sottolinea l'importanza di documentare sempre il codice o il design in modo che chi possa lavorare con te possa avere un'idea di cosa stavi pensando nel momento in cui hai creato la struttura del tuo database.

Tabelle

L'obiettivo di progettazione più importante che dovresti avere è quello di creare la struttura della tabella in modo tale che ognuna abbia una chiave primaria ed una chiave esterna. La chiave primaria serve per garantire che:

- Ogni record sia univoco all'interno di una tabella (nessun altro record all'interno della tabella ha tutte le sue colonne uguali a qualsiasi altro);
- i dati in una colonna non siano ripetuti in nessun altro punto della tabella.

Per quanto riguarda il secondo obiettivo, la colonna con dati completamente unici in tutta la tabella è nota come **chiave primaria**. Una chiave esterna è un campo che collega una tabella alla chiave primaria o alla chiave esterna di un'altra tabella. Facciamo un esempio: supponiamo di avere tre tabelle: BOLLETTE, CONTO_CORRENTE e AZIENDA.

La chiave primaria nella tabella BOLLETTE potrebbe essere il campo NOME o, sarebbe meglio, una combinazione di NOME con qualche altro campo. Il campo IBAN nella tabella CONTO_CORRENTE è la chiave primaria per quella tabella mentre il campo NOME è la chiave primaria per la tabella AZIENDA.

Le chiavi esterne in questo esempio sono probabilmente facili da individuare. Il campo IBAN nella tabella BOLLETTE unisce la tabella BOLLETTE alla tabella

CONTO_CORRENTE. Il campo NOME nella tabella BOLLETTE unisce la tabella BOLLETTE alla tabella AZIENDA. Se si trattasse di un progetto di database completo, si otterrebbero molte più tabelle e suddivisioni dei dati. Ad esempio, il campo BANCA nella tabella CONTO_CORRENTE potrebbe puntare ad una tabella contenente tutte le informazioni bancarie come indirizzi e numeri di telefono. La tabella AZIENDA può essere collegata con un'altra tabella (o database) contenente informazioni sulla società e sui suoi prodotti.

CREATE

Vediamo come creare la tabella BOLLETTE in MySQL:

mysql> CREATE TABLE BOLLETTE (

-> NOME VARCHAR(30),

-> IMPORTO FLOAT,

-> IBAN VARCHAR(30));

Query OK, 0 rows affected (0.52 sec)

Abbiamo creato la tabella che conterrà il campo NOME di una lunghezza massima di 30 caratteri, IMPORTO e l'IBAN del conto corrente (che è univoco).

MySQL consente di identificare ciò che può essere archiviato in una colonna ed un valore NULL può sembrare quasi un ossimoro, perché avere un campo con un valore NULL vuol dire che il campo in realtà non ha alcun valore memorizzato in esso. Quando si crea una tabella, MySQL consente di indicare una colonna con le parole chiave NOT NULL in modo da indicare che la colonna non può contenere valori NULL per nessun record nella tabella. NOT NULL significa che ogni record deve avere un valore effettivo in questa colonna. Aggiorniamo l'esempio precedente con questa clausola:

mysql> CREATE TABLE BOLLETTE (

-> NOME VARCHAR(30) NOT NULL,

-> IMPORTO FLOAT,

-> IBAN VARCHAR(30) NOT NULL);

Query OK, 0 rows affected (0.52 sec)

In questa tabella vuoi salvare il nome dell'azienda a cui devi pagare una fattura, insieme all'importo della fattura. Se il campo NOME e/o IBAN non fosse memorizzato, il record sarebbe privo di significato.

INSERT

Adesso che abbiamo la tabella possiamo inserire i dati al suo interno:

mysql> INSERT INTO BOLLETTE VALUES("ENEL",22.5, IT000000001231231');

Query OK, 1 row affected (0.15 sec)

mysql> INSERT INTO BOLLETTE VALUES(NULL, 25000, 'IT000000000012312331');

ERROR 1048 (23000): Column 'NOME' cannot be null

Puoi notare che il secondo record nell'esempio precedente non contiene un valore per il nome. Poiché la tabella è stata creata con NOT NULL per il campo NOME, è stato generato un errore. Una buona regola è che la chiave primaria e tutti i campi della chiave esterna non debbano mai contenere valori NULL.

Chiavi primarie

Uno dei tuoi obiettivi di progettazione dovrebbe essere quello di avere una colonna unica all'interno di ogni tabella. Questa colonna costituisce un campo per la chiave primaria in modo da impedire l'inserimento di valori di campo con chiave duplicati nel database. Dovresti notare diverse cose quando scegli un campo chiave infatti spesso viene usato un campo che viene incrementato per ogni riga aggiunta, il che rende questo campo per impostazione predefinita sempre una chiave univoca. Oltre ad essere davvero utile, è molto più veloce ritrovare un valore intero piuttosto che una stringa di 80 caratteri. Moltiplica questo concetto su centinaia di tabelle ed avrai dimensioni inferiori del database rispettando questa regola.

Ora possiamo creare le tabelle che abbiamo menzionato in precedenza:

mysql> CREATE TABLE CONTO_CORRENTE (

-> IBAN VARCHAR(30) NOT NULL,

-> SALDO FLOAT,

-> BANCA VARCHAR(30));

Query OK, 0 rows affected (0.51 sec)

mysql> CREATE TABLE AZIENDA (

-> NOME VARCHAR(30) NOT NULL,

-> INDIRIZZO VARCHAR(50),

-> CITTA VARCHAR(30),

-> STATO CHAR(2));

Query OK, 0 rows affected (0.74 sec)

Nella creazione della tabella ho usato diversi tipi di dati ma balza all'occhio la differenza tra CHAR e VARCHAR. Entrambi consentono di memorizzare delle stringhe di caratteri ma il primo ha una lunghezza fissa mentre il secondo ha lunghezza variabile. Entrambi consentono di definire una lunghezza massima ma con VARCHAR si occupa solo lo spazio necessario. Nel campo indirizzo potremmo memorizzare una stringa di 40 caratteri o di 10, consentendo un notevole risparmio rispetto all'uso di CHAR.

Inseriamo alcuni dati al loro interno:

mysql>   INSERT   INTO   CONTO_CORRENTE VALUES('IT000000000012312331', 105.22, 'BANCA 1');

Query OK, 1 row affected (0.20 sec)

mysql> INSERT INTO AZIENDA VALUES('ENEL', 'VIA PIPPO, 2', 'ROMA','IT');

Query OK, 1 row affected (0.34 sec)

Come avrai notato è possibile inserire i comandi SQL su un'unica riga come in questo caso o su più righe. È fondamentale, in entrambi i casi, terminare ogni singola istruzione con un punto e virgola (;) in modo che l'interprete possa capire dove finisce un'istruzione e ne inizia un'altra, soprattutto se si creano degli script con molteplici istruzioni.

31

ALTER TABLE

Molte volte la progettazione del database cambia perché cambiano i requisiti o magari abbiamo dimenticato qualcosa che va aggiunta. L'istruzione ALTER TABLE consente all'amministratore o al progettista del database di modificare la struttura di una tabella dopo che è stata creata. Il comando ALTER TABLE consente di eseguire sostanzialmente due operazioni:

- Aggiungere una colonna ad una tabella esistente
- Modificare una colonna già esistente
- Cancellare una colonna

La sintassi prevede rispettivamente:

- ALTER TABLE nome_tabella ADD nome_colonna tipo_colonna;
- ALTER TABLE nome_tabella MODIFY COLUMN nome_colonna tipo_colonna;
- ALTER TABLE nome_tabella DROP COLUMN nome_colonna tipo_colonna.

Ad esempio, proviamo a modificare il campo STATO della tabella AZIENDA:

mysql> ALTER TABLE AZIENDA MODIFY COLUMN STATO VARCHAR(3);

Query OK, 1 row affected (1.33 sec)

Records: 1 Duplicates: 0 Warnings: 0

Puoi aumentare o diminuire la lunghezza delle colonne a tuo piacere; comunque non è possibile ridurre la lunghezza di una colonna se la dimensione di uno dei suoi valori è maggiore del valore che si desidera assegnare alla lunghezza della colonna.

Per l'istruzione ALTER TABLE, tuttavia, esistono alcune restrizioni infatti si può cambiare una colonna da NOT NULL a NULL, ma non viceversa. Una colonna può essere modificata da NULL a NOT NULL solo se la colonna non contiene alcun valore NULL.

DROP TABLE

MySQL fornisce ovviamente un comando per rimuovere completamente una tabella da un database. Il comando DROP TABLE elimina una tabella insieme a tutte le viste e gli indici associati. È necessario prestare attenzione con questo comando perché dopo averlo eseguito, non è più possibile tornare indietro.

L'uso più comune dell'istruzione DROP TABLE è legato alla creazione di tabelle temporanee. Dopo aver completato tutte le operazioni sulla tabella temporanea, si può digitare un'istruzione DROP TABLE simile alla seguente:

mysql> DROP TABLE TABELLA_TEMP;

DROP DATABASE

Qualora si intenda cancellare un intero database, per esempio, dopo una migrazione avvenuta con successo si può usare il seguente comando:

mysql> DROP DATABASE NOME_DB;

Capitolo 5
Recuperare i dati

Spesso si parla di **query SQL** e spesso si pensa ad un'interrogazione del database per recuperare dati. In realtà una query SQL può essere un comando per eseguire una delle seguenti operazioni:

- Creare o eliminare una tabella;
- Inserire, modificare o eliminare righe o campi;
- Cercare in diverse tabelle informazioni specifiche e restituire i risultati in un ordine specifico.

La sintassi SQL è abbastanza flessibile e facile da capire, sebbene ci siano regole da seguire come in qualsiasi linguaggio di programmazione. Presta molta attenzione alle maiuscole e alle minuscole, alla spaziatura e alla separazione logica dei componenti di ciascuna query per parole chiave SQL. Scrivere bene delle query aiuterà te e chiunque altro a capire rapidamente cosa stai cercando di fare.

SELECT

Per recuperare i dati dalla tabella creata e popolata nel capitolo precedente puoi usare l'istruzione SELECT:

```
mysql> SELECT * FROM CONTO_CORRENTE;

+—————————————+—————+————-+
| IBAN | SALDO | BANCA |
+—————————————+—————+————-+
| IT000000000012312331 | 105.22 | BANCA 1 |
+—————————————+—————+————-+
```

1 row in set (0.01 sec)

L'asterisco (*) in SELECT * indica al database di restituire tutte le colonne associate alla tabella indicata descritta dalla clausola FROM. Il database determina l'ordine in cui restituire le colonne. Per specificare l'ordine delle colonne, è possibile digitare qualcosa del tipo:

```
mysql> SELECT BANCA, IBAN, SALDO FROM CONTO_CORRENTE;

+————-+———————————+—————+
| BANCA | IBAN | SALDO |
+————-+———————————+—————+
```

| BANCA 1 | IT000000000012312331 | 105.22 |

+——————+————————————————+————+

1 row in set (0.00 sec)

Devi notare che il nome di ogni colonna è elencato nella clausola SELECT. L'ordine in cui sono elencate le colonne è l'ordine in cui appariranno nell'output. L'elenco delle colonne da mostrare è separato da virgole e la clausola FROM è separata da uno spazio. Se non hai intenzione di mostrare tutte le colonne presenti in una tabella puoi anche limitarti a selezionare una colonna come segue:

mysql> SELECT IBAN FROM CONTO_CORRENTE;

+————————————+

| IBAN |

+————————————+

| IT000000000012312331 |

+————————————+

1 row in set (0.00 sec)

DISTINCT

Talvolta alcuni dati possono ripetersi all'interno di una colonna e, se abbiamo bisogno valori univoci, è necessario usare la parola chiave DISTINCT. Inseriamo altre righe nella tabella BOLLETTE:

mysql> INSERT INTO BOLLETTE VALUES('FASTWEB', 35, 'IT000000001231231');

Query OK, 1 row affected (0.20 sec)

mysql> INSERT INTO BOLLETTE VALUES('ENEL', 104.22, 'IT000000003333334');

Query OK, 1 row affected (0.10 sec)

mysql> INSERT INTO BOLLETTE VALUES('FASTWEB', 110, 'IT000000003333334');

Query OK, 1 row affected (0.18 sec)

mysql> SELECT * FROM BOLLETTE;

```
+——————+————-+———————————+
| NOME | IMPORTO | IBAN |
+——————+————-+———————————+
| Amazon AWS | 22.5 | IT000000001231231 |
| FASTWEB | 35 | IT00000001231231 |
```

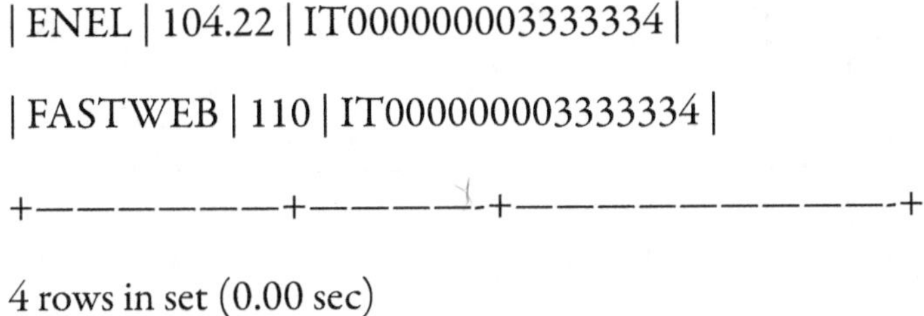

```
| ENEL | 104.22 | IT000000003333334 |
| FASTWEB | 110 | IT000000003333334 |
+—————+———-+——————————-+
4 rows in set (0.00 sec)
```

In questo caso abbiamo aggiunto le bollette dell'ufficio che paghiamo da un altro conto corrente, quindi, con un codice IBAN diverso. Come puoi vedere nella SELECT vengono restituiti tutti i valori ma in questo caso vogliamo una lista di codici IBAN senza duplicati:

```
mysql> SELECT DISTINCT IBAN FROM BOLLETTE;
+————————-+
| IBAN |
+————————-+
| IT000000001231231 |
| IT000000003333334 |
+————————-+
2 rows in set (0.12 sec)
```

Se vuoi trovare un determinato articolo o gruppo di elementi nel tuo database, hai bisogno di una o più condizioni. Le condizioni sono contenute nella clausola WHERE, ad esempio cerchiamo tutte le bollette pagate relative a Fastweb:

```
mysql> SELECT * FROM BOLLETTE WHERE NOME='FASTWEB';

+————-+————-+———————-+
| NOME | IMPORTO | IBAN |
+————-+————-+———————-+
| FASTWEB | 35 | IT000000001231231 |
| FASTWEB | 110 | IT000000003333334 |
+————-+————-+———————-+
2 rows in set (0.00 sec)
```

SELECT, FROM e WHERE sono le tre clausole più utilizzate in MySQL. WHERE semplicemente fa in modo che le tue query siano più selettive infatti non usandola, la cosa più utile che potresti fare con una query, è visualizzare tutti i record nella tabella selezionata.

45

Capitolo 6
Gli operatori

Gli operatori sono gli elementi usati all'interno di un'espressione per articolare il modo in cui desideri che determinate condizioni recuperino i dati. Gli operatori si dividono in diversi gruppi: aritmetici, di confronto, per caratteri, logici ecc.

Aritmetici

Gli operatori aritmetici sono addizione (+), sottrazione (-), moltiplicazione (*), divisione (/) e modulo (%). I primi quattro sono semplici da capire e li conosciamo tutti. L'operatore modulo, invece, restituisce il resto intero di una divisione.

È possibile usare questi operatori nella selezione dei dati dalle tabelle. Supponiamo di dover aggiungere ad ogni valore nella tabella BOLLETTE il costo per effettuare il bonifico che è di € 1,50:

```
mysql> SELECT NOME, IMPORTO, IMPORTO+1.5
FROM BOLLETTE;
```

```
+————————-+—————-+————————————————+
| NOME | IMPORTO | IMPORTO+1.5 |
+————————-+—————-+————————————————+
| ENEL | 22.5 | 24 |
```

| FASTWEB | 35 | 36.5 |

| ENEL | 104.22 | 105.72 |

| FASTWEB | 110 | 111.5 |

+———─+———─+——————————+

4 rows in set (0.00 sec)

In questo caso abbiamo aggiunto il costo del bonifico e MySQL assume come intestazione della colonna IMPORTO+1.5. Il nome di questa colonna potrebbe essere difficile da usare o ricordare, tuttavia, possiamo assegnare un nome diverso tramite un **alias**. Un alias viene definito tramite la parola chiave AS quindi proviamo a rinominare la colonna IMPORTO TOTALE:

mysql> SELECT NOME, IMPORTO, IMPORTO+1.5 AS 'IMPORTO TOTALE' FROM BOLLETTE;

+————─+————─+——————————+

| NOME | IMPORTO | IMPORTO TOTALE |

+————─+————─+——————————+

| ENEL | 22.5 | 24 |

| FASTWEB | 35 | 36.5 |

| ENEL | 104.22 | 105.72 |

| FASTWEB | 110 | 111.5 |

+—————-+—————-+—————————-—+

4 rows in set (0.00 sec)

Attenzione! Tutto quello che vedi nella tabella è frutto di un'elaborazione successiva al recupero dei dati infatti se recuperi i dati della tabella vedrai che conterrà i dati originali. In sostanza, abbiamo creato una colonna virtuale o derivata, modificando i valori di una colonna esistente. Lo stesso può essere fatto per sottrazione, moltiplicazione e divisione:

mysql> SELECT NOME, IMPORTO, IMPORTO-1 AS 'IMPORTO SCONTATO' FROM BOLLETTE;

+—————-+—————-+—————————————+

| NOME | IMPORTO | IMPORTO SCONTATO |

+—————-+—————-+—————————————+

| ENEL | 22.5 | 21.5 |

| FASTWEB | 35 | 34 |

| ENEL | 104.22 | 103.22000122070312 |

| FASTWEB | 110 | 109 |

+—————-+—————-+—————————————+

4 rows in set (0.00 sec)

mysql> SELECT NOME,IMPORTO, IMPORTO-(IMPORTO*0.1) AS 'SCONTATO del 10%' FROM BOLLETTE;

```
+———-+———-+——————-+
| NOME | IMPORTO | SCONTATO del 10% |
+———-+———-+——————-+
| ENEL | 22.5 | 20.25 |
| FASTWEB | 35 | 31.5 |
| ENEL | 104.22 | 93.79800109863281 |
| FASTWEB | 110 | 99 |
+———-+———-+——————-+
4 rows in set (0.00 sec)

mysql> SELECT NOME,IMPORTO, IMPORTO/2 AS 'SCONTATO del 50%' FROM BOLLETTE;
+———-+———-+——————-+
| NOME | IMPORTO | SCONTATO del 50% |
+———-+———-+——————-+
| ENEL | 22.5 | 11.25 |
| FASTWEB | 35 | 17.5 |
| ENEL | 104.22 | 52.11000061035156 |
| FASTWEB | 110 | 55 |
+———-+———-+——————-+
```

4 rows in set (0.00 sec)

Infine, l'operatore modulo restituisce il resto di una divisione perciò supponiamo di dividere 176 caramelle tra 6 bambini:

```
mysql> SELECT 176%6 AS 'CARAMELLE RESTANTI';
+————————————+
| CARAMELLE RESTANTI |
+————————————+
| 2 |
+————————————+
1 row in set (0.00 sec)
```

Confronto

Fedeli al loro nome, questi operatori confrontano le espressioni e restituiscono un valore: TRUE, FALSE o NULL cioè vero, falso o sconosciuto. Qui bisogna prestare attenzione perché MySQL si comporta in modo inaspettato con i valori NULL. Confronti del tipo valore = NULL o valore <> NULL producono sempre un risultato NULL (che non è né vero né falso) perché non è possibile decidere se veri o falsi. Di conseguenza anche NULL = NULL restituisce NULL perché non è possibile determinare se un valore sconosciuto è uguale ad un altro valore sconosciuto. Per verificare davvero se un valore è NULL, bisogna utilizzare gli operatori IS NULL e IS NOT NULL.

mysql> SELECT NOME, IMPORTO FROM BOLLETTE WHERE IMPORTO IS NULL;

Empty set (0.00 sec)

mysql> SELECT NOME,IMPORTO FROM BOLLETTE WHERE IMPORTO IS NOT NULL;

+————-+————-+
| NOME | IMPORTO |
+————-+————-+
| ENEL | 22.5 |
| FASTWEB | 35 |

| ENEL | 104.22 |

| FASTWEB | 110 |

+————-+————-+

4 rows in set (0.00 sec)

Gli operatori di confronto sono sei:

- Maggiore (>)
- Maggiore o uguale (>=)
- Minore (<)
- Minore o uguale (<=)
- Uguale (=)
- Diverso (<>)

Facciamo qualche esempio con i dati inseriti nella tabella BOLLETTE:

mysql> SELECT NOME, IMPORTO FROM BOLLETTE WHERE IMPORTO < 40;

+————-+————-+

| NOME | IMPORTO |

+————-+————-+

| ENEL | 22.5 |

| FASTWEB | 35 |

+————-+————-+

2 rows in set (0.00 sec)

mysql> SELECT NOME, IMPORTO FROM BOLLETTE WHERE IMPORTO >= 35;

```
+———–+———–+
| NOME | IMPORTO |
+———–+———–+
| FASTWEB | 35 |
| ENEL | 104.22 |
| FASTWEB | 110 |
+———–+———–+
```

3 rows in set (0.00 sec)

mysql> SELECT NOME, IMPORTO FROM BOLLETTE WHERE IMPORTO = 110;

```
+———–+———–+
| NOME | IMPORTO |
+———–+———–+
| FASTWEB | 110 |
+———–+———–+
```

1 row in set (0.00 sec)

mysql> SELECT NOME, IMPORTO FROM BOLLETTE
WHERE IMPORTO <> 110;

+————-+————-+

| NOME | IMPORTO |

+————-+————-+

| ENEL | 22.5 |

| FASTWEB | 35 |

| ENEL | 104.22 |

+————-+————-+

3 rows in set (0.00 sec)

Caratteri

È possibile utilizzare gli operatori dei caratteri per manipolare il modo in cui sono rappresentate le stringhe di caratteri, sia nell'output dei dati sia nel processo di posizionamento delle condizioni sui dati da recuperare. Se volessi selezionare parti di un database che si adattano ad un pattern ma non corrispondono esattamente? È possibile utilizzare il segno uguale ed eseguire tutti i casi possibili, ma tale processo sarebbe noioso e richiederebbe molto tempo.

La parola chiave in questo caso è LIKE:

```
mysql> SELECT NOME FROM BOLLETTE WHERE NOME LIKE 'FA%';

+————————-+
| NOME |
+————————-+
| FASTWEB |
| FASTWEB |
+————————-+
2 rows in set (0.00 sec)
```

In questo caso abbiamo selezionato tutti i nomi che iniziano per "FA" perciò il database restituisce soltanto due righe. Se utilizzato all'interno di un'espressione LIKE, % è un carattere jolly. Puoi spostare il carattere jolly all'inizio della stringa in modo da cercare tutti i campi che terminano per "FA":

mysql> SELECT NOME FROM BOLLETTE WHERE NOME LIKE '%FA';

Empty set (0.00 sec)

Un altro modo per cercare tra le stringhe, limitandoci ad un singolo carattere come jolly, consiste nell'usare il trattino basso (_):

mysql> SELECT DISTINCT NOME FROM BOLLETTE WHERE NOME LIKE 'ENE_';

```
+————+
| NOME |
+————+
| ENEL |
+————+
```

1 row in set (0.00 sec)

Puoi anche combinare i due elementi in modo da cercare tutte le stringhe che contengono una E seguita da una sola lettera ma preceduta da altre lettere:

mysql> SELECT NOME FROM BOLLETTE WHERE NOME LIKE '%E_';

```
+—————-+
```

| NOME |

+————-+

| ENEL |

| FASTWEB |

| ENEL |

| FASTWEB |

+————-+

4 rows in set (0.00 sec)

Logici

Gli operatori logici separano due o più condizioni nella clausola WHERE di un'istruzione SQL. Vogliamo cercare una bolletta da pagare, sappiamo che è di Fastweb e che ammonta a 35 euro. Possiamo usare l'operatore logico AND per unire queste condizioni in una WHERE:

```
mysql> SELECT * FROM BOLLETTE WHERE NOME = 'FASTWEB' AND IMPORTO = 35;

+———————+———————+———————————————+
| NOME | IMPORTO | IBAN |
+———————+———————+———————————————+
| FASTWEB | 35 | IT000000001231231 |
+———————+———————+———————————————+

1 row in set (0.00 sec)
```

AND indica che le espressioni su entrambi i lati devono essere vere per restituire TRUE. Se una delle espressioni è falsa, AND restituisce FALSE.

Puoi anche usare OR per riassumere una serie di condizioni. Se uno dei confronti è vero, OR restituisce TRUE:

```
mysql> SELECT * FROM BOLLETTE WHERE NOME = 'FASTWEB' OR IMPORTO < 40;
```

+————-+————-+———————-+

| NOME | IMPORTO | IBAN |

+————-+————-+———————-+

| ENEL | 22.5 | IT000000001231231 |

| FASTWEB | 35 | IT000000001231231 |

| FASTWEB | 110 | IT000000003333334 |

+————-+————-+———————-+

3 rows in set (0.00 sec)

Come vedi per questa query abbiamo un risultato composto da 3 righe perché vengono unite quelle con nome pari a "FASTWEB" con quelle che hanno importo inferiore a 40 euro.

Un altro operatore spesso utilizzato è il NOT che nega un'intera espressione. Spesso viene utilizzato per mantenere una certa leggibilità del codice dato che si potrebbe usare l'operatore <> per verificare la disuguaglianza. Se la condizione a cui viene applicato è TRUE, NOT la rende FALSE. Se la condizione dopo l'operatore NOT è FALSE, diventa TRUE:

mysql> SELECT NOME FROM BOLLETTE WHERE NOME NOT LIKE '%EL';

+————-+

| NOME |

```
+—————-+
| FASTWEB |
| FASTWEB |
+—————-+
```

2 rows in set (0.00 sec)

Insiemistici

Le tabelle possono essere viste come degli insiemi di elementi perciò esistono dei comandi SQL che ti consentono di unire le righe di due tabelle come se fossero degli insiemi. Uno di questi comandi è UNION che restituisce i risultati di due query tranne le righe duplicate:

mysql> SELECT NOME FROM AZIENDA UNION SELECT NOME FROM BOLLETTE;

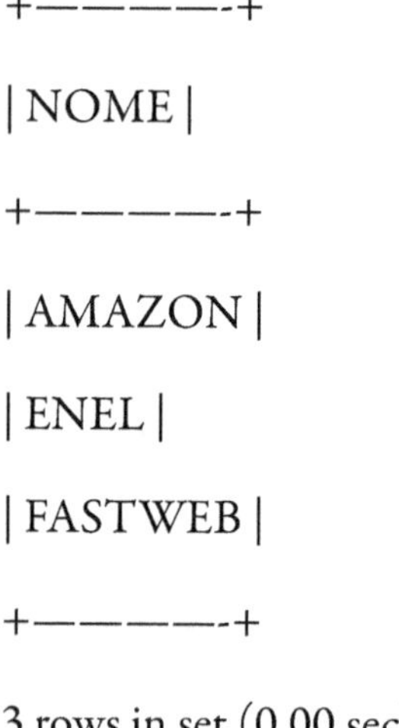

```
+————-+
| NOME |
+————-+
| AMAZON |
| ENEL |
| FASTWEB |
+————+
```

3 rows in set (0.00 sec)

Questo comando è molto utile quando si hanno valori duplicati o ripetuti in diverse tabelle perché magari importate da altri database o altri sistemi. UNION ALL ha lo stesso funzionamento di UNION, tranne per il fatto che non elimina i duplicati.

Un altro modo per selezionare gli elementi contenuti in un altro insieme consiste nell'usare la parola chiave IN:

```
mysql> SELECT * FROM BOLLETTE WHERE NOME IN ('ENEL', 'TEST');

+———+————-+———————+
| NOME | IMPORTO | IBAN |
+———+————+————————+
| ENEL | 22.5 | IT000000001231231 |
| ENEL | 104.22 | IT000000003333334 |
+———+————-+———————-+
2 rows in set (0.00 sec)
```

La query appena scritta equivale ad una clausola WHERE con più condizioni in OR quindi corrisponde a:

```
mysql> SELECT * FROM BOLLETTE WHERE NOME = 'ENEL' OR NOME = 'TEST';

+———+————-+——————————-+
| NOME | IMPORTO | IBAN |
+———+————-+——————————-+
| ENEL | 22.5 | IT000000001231231 |
| ENEL | 104.22 | IT000000003333334 |
```

```
+————+—————-+——————————-+
```

2 rows in set (0.00 sec)

In questo caso risulta molto più leggibile e facile da usare la clausola IN rispetto a diverse condizioni in OR.

Un'altra clausola può essere molto utile quando si vuole selezionare una serie di valori compresi tra due estremi (inclusi). Con la parola chiave BETWEEN si indicano tutti gli elementi compresi tra il valore a sinistra (estremo inferiore) e l'elemento a destra (estremo superiore) della clausola:

```
mysql> SELECT * FROM BOLLETTE WHERE IMPORTO BETWEEN 22 AND 105;

+————-+—————-+———————————-+
| NOME | IMPORTO | IBAN |
+————-+—————-+———————————-+
| ENEL | 22.5 | IT000000001231231 |
| FASTWEB | 35 | IT000000001231231 |
| ENEL | 104.22 | IT000000003333334 |
+————-+—————-+———————————-+
```

3 rows in set (0.00 sec)

Capitolo 7

Funzioni

Le funzioni in SQL consentono di eseguire delle azioni come determinare la somma di una colonna o la conversione in maiuscolo di tutti i caratteri di una stringa.

Esistono diversi tipi di funzioni:

- Funzioni aggregate
- Funzioni per data e ora
- Funzioni aritmetiche
- Funzioni per i caratteri
- Funzioni di conversione
- Funzioni varie

Le funzioni aumentano notevolmente la tua capacità di manipolare le informazioni recuperate utilizzando le funzioni di base di SQL descritte in precedenza.

Funzioni aggregate

Le prime cinque funzioni aggregate, COUNT, SUM, AVG, MAX e MIN, definite nello standard ANSI.

Le funzioni di aggregazione sono anche chiamate funzioni di gruppo e restituiscono un valore basato sui valori in una colonna. La funzione COUNT restituisce il numero di righe che soddisfano una condizione nella clausola WHERE. Potresti anche voler sapere quante righe sono contenute nella tua tabella quindi digiterai:

mysql> SELECT COUNT(*) AS 'NUMERO BOLLETTE'
FROM BOLLETTE;

+————————-+

| NUMERO BOLLETTE |

+————————-+

| 4 |

+————————-+

1 row in set (0.00 sec)

Mentre per sapere quante bollette sono di Fastweb la query
sarà:

mysql> SELECT COUNT(*) AS 'BOLLETTE FASTWEB'
FROM BOLLETTE WHERE NOME = 'FASTWEB';

+———————+

| BOLLETTE FASTWEB |

+————————+

| 2 |

+————————+

1 row in set (0.12 sec)

La funziona SUM addiziona tutti i valori in una colonna, per
esempio se volessimo calcolare il totale di tutte le bollette:

mysql> SELECT SUM(IMPORTO) AS TOTALE FROM
BOLLETTE;

+———————————-+

| TOTALE |

+———————————-+

| 271.7200012207031 |

+———————————-+

1 row in set (0.00 sec)

La funzione SUM prende in input solo valori numerici quindi
non restituisce alcun risultato sui caratteri. Inoltre, puoi usare
le condizioni WHERE per filtrare le righe da sommare.

La funzione AVG consente di creare la media dei valori
contenuti in una colonna. Ad esempio, la media delle nostre
bollette sarà pari a:

mysql> SELECT AVG(IMPORTO) AS MEDIA FROM
BOLLETTE;

+——————————-+

| MEDIA |

+——————————-+

| 67.93000030517578 |

+——————————-+

1 row in set (0.00 sec)

Molto semplici ed intuitive sono le funzioni MAX e MIN che consentono di recuperare rispettivamente il valore massimo ed il valore minimo contenuti in una colonna:

mysql> SELECT MAX(IMPORTO) AS 'IMPORTO MASSIMO' FROM BOLLETTE;

+————————-+

| IMPORTO MASSIMO |

+————————-+

| 110 |

+————————-+

1 row in set (0.00 sec)

mysql> SELECT MIN(IMPORTO) AS 'IMPORTO MINIMO' FROM BOLLETTE;

+——————+

| IMPORTO MINIMO |

+——————+

| 22.5 |

+——————+

1 row in set (0.00 sec)

A fini statistici possono aiutare anche la varianza e la deviazione standard. La varianza fornisce una misura della variabilità dei valori assunti dalla variabile stessa; in particolare, la misura di quanto essi si discostino in modo quadratico rispetto alla media aritmetica o del valore atteso. La deviazione standard, invece, è un indice di dispersione statistico, vale a dire una stima della variabilità di una popolazione di dati. Useremo la parola chiave VARIANCE per calcolare la varianza e STD_DEV per calcolare la deviazione standard:

```
mysql>    SELECT    VARIANCE(IMPORTO)    AS
'VARIANZA' FROM BOLLETTE;

+————————————+

| VARIANZA |

+————————————+

| 1558.7797221496585 |

+————————————+

1 row in set (0.00 sec)

mysql>    SELECT    STDDEV(IMPORTO)    AS
'DEVIAZIONE STANDARD' FROM BOLLETTE;

+————————————-+

| DEVIAZIONE STANDARD |

+————————————-+

| 39.48138450142875 |
```

+——————————————-+

1 row in set (0.00 sec)

Funzioni per data e ora

Spesso è fondamentale usare delle date in un database per memorizzare il giorno, il mese e l'anno di un evento oppure per memorizzare l'orario e la data di accesso di un utente.

La funzione ADDDATE consente di aggiungere un determinato valore ad una determinata unità temporale, ad esempio giorni, mesi, anni ecc.

mysql> SELECT NOW() AS ADESSO;

+———————————-+

| ADESSO |

+———————————-+

| 2020-06-27 12:48:27 |

+———————————-+

1 row in set (0.00 sec)

mysql> SELECT ADDDATE(NOW(),INTERVAL 1 MONTH) AS 'TRA UN MESE';

+———————————-+

| TRA UN MESE |

+———————————-+

| 2020-07-27 12:48:35 |

```
+—————————————-+
```

1 row in set (0.00 sec)

I valori che possibile specificare sono molti ma i più usati sono:

- ◇ MICROSECOND

- ◇ SECOND

- ◇ MINUTE

- ◇ HOUR

- ◇ DAY

- ◇ WEEK

- ◇ MONTH

- ◇ YEAR

- ◇ MINUTE_SECOND

- ◇ HOUR_MINUTE

- ◇ DAY_HOUR

- ◇ YEAR_MONTH

Come puoi notare sono tutti abbastanza semplici da capire ma gli ultimi possono trarre in inganno. Se volessimo aggiungere ore e minuti oppure minuti e secondi ad una data, non serve invocare due volte la funzione. Useremo rispettivamente

HOUR_MINUTE e MINUTE_SECOND per risparmiare tempo:

mysql> SELECT ADDDATE(NOW(),INTERVAL '1:30' HOUR_MINUTE) AS 'TRA UN\'ORA E MEZZO';

```
+————————————-+
| TRA UN'ORA E MEZZO |
+————————————-+
| 2020-06-27 14:24:32 |
+————————————-+
```

1 row in set (0.00 sec)

Personalmente dimentico sempre quanti giorni hanno i mesi e, se non fosse per la famosa filastrocca, non saprei proprio come fare. Possiamo usare la funzione LAST_DAY() per recuperare l'ultimo giorno di un mese:

mysql> SELECT LAST_DAY(NOW());

```
+——————————-+
| LAST_DAY(NOW()) |
+——————————-+
| 2020-06-30 |
+——————————-+
```

1 row in set (0.01 sec)

MySQL è davvero utile con le date, infatti, dando in input la tua data di nascita può calcolare quanti giorni fa sei nato. Non ci credi? Verifichiamo insieme:

```
mysql> SELECT DATEDIFF(NOW(), "1980-05-11") AS 'QUANTI GIORNI FA\' SONO NATO?';

+————————————————————+
| QUANTI GIORNI FA' SONO NATO? |
+————————————————————+
| 14657 |
+————————————————————+
1 row in set (0.00 sec)
```

Immagina quanto è potente MySQL e quanto può semplificarti la vita. Potresti fare lo stesso calcolo nel tuo linguaggio di programmazione ma probabilmente avresti bisogno di più di una riga.

Funzioni aritmetiche

Quando si parla di funzioni si pensa sempre alle funzioni matematiche come valore assoluto, seno, coseno e radice quadrata. Tutte queste funzioni e molte altre sono disponibili in MySQL, vediamo come usarle:

```
mysql> SELECT ABS(-10);

+————————+

| ABS(-10) |

+————————+

| 10 |

+————————+

1 row in set (0.00 sec)

mysql> SELECT SIN(0);

+——————+

| SIN(0) |

+——————+

| 0 |

+——————+

1 row in set (0.00 sec)
```

mysql> SELECT COS(0);

+—————+

| COS(0) |

+—————+

| 1 |

+—————+

1 row in set (0.00 sec)

mysql> SELECT SQRT(16);

+———————+

| SQRT(16) |

+———————+

| 4 |

+———————+

1 row in set (0.00 sec)

Funzioni per caratteri

Per i caratteri ci sono davvero tante funzioni disponibili infatti possiamo concatenare stringhe, rendere i caratteri di una stringa tutti minuscoli o maiuscoli, eseguire un riempimento a sinistra o a destra fino a raggiungere una determinata lunghezza e tanto altro.

Per raggiungere gli obiettivi appena descritti useremo rispettivamente le funzioni CONCAT, LOWER, UPPER, LPAD, RPAD.

```
mysql> SELECT CONCAT('test', 'concat');

+————————————————+
| CONCAT('test', 'concat') |
+————————————————+
| testconcat |
+————————————————+
1 row in set (0.00 sec)

mysql> SELECT LOWER('TESTdiLOwer');

+————————————————+
| LOWER('TESTdiLOwer') |
+————————————————+
```

| testdilower |

+————————————+

1 row in set (0.12 sec)

mysql> SELECT UPPER('TESTdiLOwer');

+————————————+

| UPPER('TESTdiLOwer') |

+————————————+

| TESTDILOWER |

+————————————+

1 row in set (0.00 sec)

mysql> SELECT LPAD('TEST', 10, "-");

+————————————-+

| LPAD('TEST', 10, "-") |

+————————————-+

|————TEST |

+————————————-+

1 row in set (0.00 sec)

mysql> SELECT RPAD('TEST', 10, "-");

+————————————-+

| RPAD('TEST', 10, "-") |

+———————————-+

| TEST——— |

+————————————+

1 row in set (0.00 sec)

Un'altra funzione molto usata è TRIM che consente di eliminare gli spazi ad inizio e fine stringa. È possibile anche eliminare solo gli spazi ad inizio stringa usando LTRIM e solo a fine stringa usando RTRIM.

mysql> SELECT LTRIM(' |a|');

+——————————-+

| LTRIM(' |a|') |

+——————————-+

| |a| |

+——————————-+

1 row in set (0.00 sec)

mysql> SELECT RTRIM(' |a| ');

+————————————-+

| RTRIM(' |a| ') |

+————————————-+

| |a| |

+——————————-+

1 row in set (0.00 sec)

mysql> SELECT TRIM(' |a| ');

+———————————+

| TRIM(' |a| ') |

+———————————+

| |a| |

+———————————+

1 row in set (0.12 sec)

La funziona SUBSTR (abbreviazione di substring) accetta tre argomenti e consente di estrarre delle parti da una stringa di input. Il primo argomento indica la stringa da cui estrarre, il secondo argomento è la posizione del primo carattere da considerare mentre il terzo argomento è il numero di caratteri da mostrare.

mysql> SELECT SUBSTR('PIPPO', 3);

+————————————+

| SUBSTR('PIPPO', 3) |

+————————————+

| PPO |

```
+————————————+
```

1 row in set (0.00 sec)

```
mysql> SELECT SUBSTR('PIPPO', 3, 2);
+————————————-+
| SUBSTR('PIPPO', 3, 2) |
+————————————-+
| PP |
+————————————-+
```

1 row in set (0.00 sec)

Infine, ma non meno importante, troviamo la funzione LENGTH che restituisce il numero di caratteri contenuti in una stringa:

```
mysql> SELECT LENGTH('PIPPO');
+————————-+
| LENGTH('PIPPO') |
+————————-+
| 5 |
+————————-+
```

1 row in set (0.00 sec)

Capitolo 8
JOIN delle tabelle

Una delle funzionalità più potenti di MySQL è la sua capacità di raccogliere e manipolare dati da più tabelle. Senza questa funzione dovresti archiviare tutti gli elementi di dati necessari per ogni applicazione in una tabella. Senza la possibilità di selezionare i dati da più tabelle sarebbe necessario archiviare gli stessi dati in più tabelle. Immagina di dover riprogettare, ricostruire e ripopolare tabelle e database ogni volta hai bisogno di una query con una nuova informazione. L'istruzione JOIN di MySQL consente di progettare tabelle più piccole, più specifiche e più facili da gestire rispetto alle tabelle più grandi.

Il modo più semplice per unire delle tabelle consiste nell'unirle in una FROM. In questo modo si effettua un prodotto cartesiano ovvero si avrà una tabella di NxM righe dove N sono le righe della prima tabella, M le righe della seconda. Il prodotto cartesiano può essere creato unendo le due tabelle nella clausola FROM, separandole dalla virgola o, in alternativa, con una CROSS JOIN.

```
mysql>        SELECT            *            FROM
BOLLETTE,CONTO_CORRENTE;
```

+————+————+———————+————
| NOME | IMPORTO | IBAN | IBAN | SALDO | BANCA |
+————+————+———————+————

| ENEL | 22.5 | IT000000001231231 | IT000000001231231 | 105.22 | BANCA 1 |

| FASTWEB | 35 | IT000000001231231 | IT000000001231231 | 105.22 | BANCA 1 |

| ENEL | 104.22 | IT000000003333334 | IT000000001231231 | 105.22 | BANCA 1 |

| FASTWEB | 110 | IT000000003333334 | IT000000001231231 | 105.22 | BANCA 1 |

+————-+————-+——————————-+————

4 rows in set (0.00 sec)

mysql> SELECT * FROM BOLLETTE CROSS JOIN CONTO_CORRENTE;

+————-+————-+——————————-+————

| NOME | IMPORTO | IBAN | IBAN | SALDO | BANCA |

+————-+————-+——————————-+————

| ENEL | 22.5 | IT000000001231231 | IT000000001231231 | 105.22 | BANCA 1 |

| FASTWEB | 35 | IT000000001231231 | IT000000001231231 | 105.22 | BANCA 1 |

| ENEL | 104.22 | IT000000003333334 | IT000000001231231 | 105.22 | BANCA 1 |

| FASTWEB | 110 | IT000000003333334 |
IT000000001231231 | 105.22 | BANCA 1 |

+————+————+——————————+————————·

4 rows in set (0.00 sec)

Come vedi ogni riga della tabella BOLLETTE è legata ad ogni riga della tabella CONTO_CORRENTE. Ti ricordo che finora nella prima tabella ci sono solo 4 righe, nella seconda esiste solo 1 riga.

INNER JOIN

In MySQL una INNER JOIN seleziona tutte le righe da due tabelle per mostrare un risultato se e solo se entrambe le tabelle soddisfano le condizioni specificate nella clausola ON. La clausola ON specifica su quali campi si vuole restringere la selezione.

```
mysql> SELECT * FROM CONTO_CORRENTE CC
INNER JOIN BOLLETTE B ON CC.IBAN = B.IBAN;

+————————————-+————+————+————-+—
| IBAN | SALDO | BANCA | NOME | IMPORTO | IBAN |
+————————————-+————+————-+————-+—
| IT000000001231231 | 105.22 | BANCA 1 | ENEL | 22.5 |
IT000000001231231 |
| IT000000001231231 | 105.22 | BANCA 1 | FASTWEB | 35
| IT000000001231231 |
+————————————-+————+————-+————-+—

2 rows in set (0.00 sec)
```

In questo caso abbiamo effettuato una INNER JOIN sul campo IBAN che è presente in entrambe le tabelle.

Inoltre, abbiamo dato un alias alle tabelle in modo da poter capire su quale stiamo operando con maggiore facilità, in particolare, la tabella CONTO_CORRENTE è stata ridenominata CC mentre BOLLETTE è stata ridenominata B.

87

LEFT JOIN

Se pensiamo due tabelle come due insiemi che contengono elementi (ovvero righe) possiamo unire i due insiemi considerando la parte in comune oltre a tutti gli elementi della tabella a sinistra.

```
mysql> SELECT * FROM CONTO_CORRENTE CC
LEFT JOIN BOLLETTE B ON CC.IBAN = B.IBAN;

+——————————-+————+————+————-+—
| IBAN | SALDO | BANCA | NOME | IMPORTO | IBAN |
+——————————-+————+————+————-+—
| IT000000001231231 | 105.22 | BANCA 1 | ENEL | 22.5 |
IT000000001231231 |
| IT000000001231231 | 105.22 | BANCA 1 | FASTWEB | 35
| IT000000001231231 |
+——————————-+————+————-+————-+—

2 rows in set (0.00 sec)
```

RIGHT JOIN

Proprio come nella LEFT JOIN, nella RIGHT JOIN il concetto è uguale ma cambia il verso infatti si recuperano tutti gli elementi in comune oltre a quelli della tabella di destra.

```
mysql> SELECT * FROM CONTO_CORRENTE CC RIGHT JOIN BOLLETTE B ON CC.IBAN = B.IBAN;

+---------------------+--------+---------+---------+---------+------
| IBAN                | SALDO  | BANCA   | NOME    | IMPORTO | IBAN |
+---------------------+--------+---------+---------+---------+------
| IT000000001231231   | 105.22 | BANCA 1 | ENEL    | 22.5    | IT000000001231231 |
| IT000000001231231   | 105.22 | BANCA 1 | FASTWEB | 35      | IT000000001231231 |
| NULL                | NULL   | NULL    | ENEL    | 104.22  | IT000000003333334 |
| NULL                | NULL   | NULL    | FASTWEB | 110     | IT000000003333334 |
+---------------------+--------+---------+---------+---------+------

4 rows in set (0.00 sec)
```

SELF JOIN

È anche possibile creare qualsiasi tipo di JOIN sulla stessa tabella, infatti, stiamo per creare una INNER JOIN della tabella BOLLETTE con sé stessa:

mysql>   SELECT   CONCAT(BB.NOME,   '   -   ', BB.IMPORTO) AS 'NOME - IMPORTO'

-> FROM BOLLETTE B

-> INNER JOIN BOLLETTE BB ON

-> BB.NOME = B.NOME

-> WHERE BB.NOME = 'ENEL';

```
+————————+

| NOME - IMPORTO |

+————————+

| ENEL - 22.5 |

| ENEL - 22.5 |

| ENEL - 104.22 |

| ENEL - 104.22 |

+————————+
```

4 rows in set (0.00 sec)

In questo caso abbiamo creato una INNER JOIN della tabella con sé stessa assegnando un alias (B e BB) per distinguerle. Puoi sostituire alla INNER JOIN una LEFT JOIN o una RIGHT JOIN per recuperare quello di cui hai bisogno dalla tua tabella. Forse ti stai chiedendo a cosa serve esattamente la SELF JOIN. Effettivamente in questo caso avremmo potuto selezionare le righe con una semplice condizione WHERE ma non tutte le tabelle sono così concise e soprattutto i dati contenuti, a volte, sono molto più complessi. Immagina di "ereditare" il database creato e popolato da qualcun altro e scopri che ogni tabella contiene almeno 15 colonne. In questo caso una SELF JOIN potrebbe davvero tornarti utile.

Conclusioni

In questo ebook abbiamo cercato di mostrarti la flessibilità e la potenza di MySQL, spiegando come applicare queste funzionalità ai problemi del mondo reale. Avrai imparato a maneggiare funzioni, query, tabelle e database perciò sforzati per rendere il tuo codice più leggibile ed evita query troppo lunghe o troppo complesse. Molti dei concetti e delle funzioni che abbiamo analizzato sono uguali o simili in altri database infatti puoi usarle con DB2, PostgreSQL e tanti altri. Dovresti avere una chiara comprensione di quali siano le parole chiave, come e quali dati possono essere memorizzati, come strutturare un database e come recuperare informazioni utili da esso. Hai incontrato dei problemi o MySQL ti restituisce degli errori? Non scoraggiarti, spesso si tratta di errori di sintassi quindi basterà consultare la documentazione ufficiale per risolvere il problema. Se imposti le tue query su più righe ti basterà leggere bene il messaggio di MySQL per notare su quale riga si trova l'errore. Non sarai mai immune da errori di sintassi o errori logici, ma acquisendo più esperienza con MySQL, imparerai come evitare molti problemi. Fondamentalmente, gli errori possono essere eccellenti opportunità di apprendimento infatti "sbagliando s'impara".

Don't miss out!

Visit the website below and you can sign up to receive emails whenever Oscar R. Frost publishes a new book. There's no charge and no obligation.

https://books2read.com/r/B-A-VXBZ-EWRVC

BOOKS 2 READ

Connecting independent readers to independent writers.

Did you love *MySQL: Guida Completa ai Database SQL per Principianti. Contiene Esempi di Codice ed Esercizi Pratici.*? Then you should read *Raspberry Pi: Scopri Tutti i Segreti per lo Sviluppo e Programmazione del Micro Computer per Maker e Hobbisti. Contiene Esempi di Codice ed Esercizi Pratici*[1] by Oscar R. Frost!

Scopri tutte le funzionalità e possibilità che il Raspberry Pi può offrire!

Vuoi conoscere tutte le funzionalità di Raspberry Pi?Vuoi imparare a costruire progetti e robot?Vuoi scoprire come creare un programma che generi tabelline?

Rasberry Pi è molto di più di un semplice computer. Non solo consente di svolgere le principali funzioni di un normale pc come ascoltare la musica, elaborare testi, guardare un film, ma è un punto di accesso per la programmazione, l'elettronica e il fantastico mondo di Linux.

Grazie a questo libro imparerai a sfruttare al massimo il tuo Raspberry Pi e scoprirai tutto ciò che è possibile ottenere da esso. Dopo una prima parte introduttiva per comprendere al meglio che cosa è Raspberry Pi e perché è importante utilizzarlo, farai un viaggio che ti consentirà di comprendere tutte le nozioni necessarie per programmare e creare progetti. Dalla configurazione del sistema operativo fino ad arrivare alla lavorazione e programmazione con GPIO. Il linguaggio semplice, le istruzioni chiare, gli esempi pratici e dettagliati ti consentiranno un percorso di apprendimento facile e veloce. Alla fine della lettura sarai in grado di partire da un idea per arrivare fino alla sua realizzazione!

Ecco che cosa otterrai da questo libro:

· ***Che cosa è Raspberry Pi e perché utilizzarlo***

· I dispositivi compatibili con Raspberry Pi: cosa ti serve

· ***Come creare la scheda SD con il sistema operativo***

· I passaggi per configurare il software di Raspberry Pi

· ***Il desktop: caratteristiche e interfaccia***

· Come impartire istruzioni al tuo Raspberry Pi: Shell Linux

· ***Come sono organizzate le directory***

· Gli step per creare un programma che generi tabelline

· ***GPIO: come collegare hardware al tuo Raspberry Pi***

· I passaggi per programmare con GPIO

· ***E molto di più!***

Grande quanto una carta di credito, questo computer è il sogno di qualsiasi informatico e amante della robotica. In grado di svolgere notevoli attività: dalla navigazione in internet, all'ascolto di musica ma non solo, è infatti progettato per insegnare a tutti come programmare con i vari linguaggi.

Also by Oscar R. Frost

Raspberry Pi: Scopri Tutti i Segreti per lo Sviluppo e Programmazione del Micro Computer per Maker e Hobbisti. Contiene Esempi di Codice ed Esercizi Pratici
MySQL: Guida Completa ai Database SQL per Principianti. Contiene Esempi di Codice ed Esercizi Pratici.